IXe SECTEUR

INSTRUCTIONS DIVERSES

POUR LA GARDE DES REMPARTS

IXe SECTEUR

INSTRUCTIONS DIVERSES

POUR LA GARDE DES REMPARTS

SOMMAIRE :

DIVISION DES REMPARTS EN DEMI-SECTEURS DE DROITE ET DE GAUCHE
CHEFS DE BATAILLON DANS LES DEMI-SECTEURS

Article 1er. — Le IXe secteur se termine, du côté droit, au poteau télégraphique le plus voisin de la rive gauche de la Bièvre, et, du côté gauche, au milieu du chemin de fer de ceinture sur la Seine.

ART. 2. — Il est divisé en deux demi-secteurs par le poteau télégraphique intermédiaire entre la porte d'Ivry et la caserne des douaniers (bastion 90).

Chaque demi-secteur est occupé par un bataillon.

ART. 3. — Les chefs de bataillon observent les mouvements qui s'accomplissent en dehors de l'enceinte devant leur demi-secteur, et quand ils constatent un fait militaire de quelque importance, ils le portent sans délai à la connaissance du commandant supérieur du secteur.

En cas d'alerte, ils font prendre les armes et porter les hommes aux remparts; mais ils ne feraient charger les armes qu'en cas d'une urgence réelle.

ART. 4. — Les chefs de bataillon des demi-secteurs de droite et de gauche logent avec leurs états-majors dans les casernes d'octroi des bastions n° 89 et 91.

ART. 5. — Dans les mêmes bâtiments sont établis des postes de police où les personnes arrêtées peuvent être provisoirement détenues.

ART. 6. — Ces personnes sont interrogées, dès leur arrivée au poste, par l'adjudant-major ou par le chef de bataillon.

Celui-ci décide si elles doivent être relâchées, ou détenues au poste pendant quelques heures, ou envoyées à la place du secteur, chemin du Moulin-des-Prés, n° 6.

L'envoi à la place ne doit pas avoir lieu de nuit, ni sans une note adressée par le chef de bataillon au commandant de place du secteur, et indiquant clairement par quel motif d'urgence et pour quel objet la personne arrêtée lui est envoyée. Cela ne doit guère se faire que pour des personnes étrangères à la garde des remparts et qu'il y aurait un intérêt pressant à examiner.

Art. 7. — Chaque chef de bataillon exige un double des rapports que les chefs de poste appartenant à son corps envoient au commandant de place du secteur.

Il doit d'ailleurs recevoir des rapports de tous ses capitaines, chefs de poste ou non.

Le chef de bataillon contrôle ces diverses communications, établit son propre rapport tant sur le service de sa troupe que sur les mouvements extérieurs, et l'adresse pour onze heures et demie au chef d'état-major du secteur, avenue d'Italie, 75.

OFFICIERS DE SERVICE A TOUR DE ROLE

DANS LES COMPAGNIES

ART. 8. — Les trois premiers officiers ou plus haut gradés de chaque compagnie font à tour de rôle, de quatre en quatre heures, un service consistant à observer l'ennemi et à surveiller tout le service courant dont la compagnie est chargée.

ART. 9. — A ce service ne concourent pas les chefs des postes ci-dessous désignés.

ART. 10. — Mais ni les fonctions de chef de poste ni le service à tour de rôle mentionné à l'article 8 ne détruisent l'autorité du capitaine de la compagnie, qui reste dans tous les cas maître de contrôler les autres officiers, ses inférieurs, dans l'accomplissement de leurs devoirs, ayant soin d'ailleurs de n'intervenir qu'en cas de nécessité.

ART. 11. — La place habituelle de l'officier de service est au centre des logements de sa compagnie, près du chemin de ronde. Il se tient autant que possible en vue, de manière à être trouvé facilement par toute personne qui peut avoir besoin de lui.

Art. 12. — Pendant la nuit, cet officier est toujours prêt à sortir de son logement pour se porter là où sa présence serait utile ainsi que pour répondre aux observations des rondes-major ou supérieures et les accompagner, s'il est invité à le faire, dans la partie de secteur à laquelle se rapporte son service.

TROUPES NE COMPOSANT PAS LES GARDES DE POLICE OU DES AYANCÉES

Art. 13. — La troupe autre que celle qui compose les gardes de police ou des avancées ne sort en armes ni pour les rondes ni pour les patrouilles; elle est regardée comme une troupe campée.

Art. — 14. Les honneurs ne sont pas rendus par cette troupe, à moins d'ordres spéciaux ; mais ils le sont par les factionnaires qu'elle fournit.

POSTES OU GARDES DE POLICE ET DES AVANCÉES

Art. — 15. Il y a neuf postes ou gardes de police et cinq postes des avancées conformément au tableau qui suit.

DÉSIGNATION DES POSTES	LOGEMENT DES POSTES	Effectifs.
De la porte de Bicêtre........	Cour de la porte	25
De la porte d'Italie	Cour de la porte................	35
Avancée de la porte d'Italie..	Avancée........................	35
De la porte de Choisy........	Cour de la porte	35
Avancée de la porte de Choisy.	Avancée.	35
Du poste-caserne, bastion 89	Dans le poste-caserne...........	15
De la porte d'Ivry	Cour de la porte	35
Avancée de la porte d'Ivry..	Avancée........................	35
Du poste-caserne, bastion 91	Dans le poste-caserne...........	15
De la porte de Vitry........	Courtines contre la porte........	35
Avancée de la porte de Vitry.	Avancée.	35
Du chemin de fer d'Orléans..	Sous le pont du chemin de fer de ceinture	35
De la porte de la gare.......	Cour de la porte................	35
Avancée de la porte de la gare.	Avancée.	35

ART. 16. — Les gardes des six portes et du chemin de fer d'Orléans sont toujours commandées par les capitaines des compagnies qui fournissent ces gardes.

ART. 17. — Les gardes d'une avancée et de la porte correspondante doivent appartenir à la même compagnie. Celle de l'avancée forme cependant un poste à part fournissant ses propres sentinelles. Mais l'officier qui commande à l'avancée est sous les ordres de celui qui commande à la porte.

ART. 18. — Chaque chef de bataillon désigne, pour commander la garde dans le poste-caserne où il loge, un officier ou sous-officier pris dans la compagnie qui occupe le poste-caserne ou les environs.

ART. 19. — Les gardes des postes-casernes n° 89 et n° 91 font rentrer leur factionnaire extérieur pendant la nuit. Mais il y a toujours un factionnaire dans la cour, de nuit aussi bien que de jour.

ART. 20. — Ces postes ne sont pas habituellement visités par les rondes de nuit. Si cependant cette visite avait lieu, suivant les ordres qui en auraient été donnés, la ronde se présenterait à la grille, s'annoncerait à haute-voix en disant : « Ronde de telle espèce » et serait alors annoncée au poste par la sentinelle qui doit tou-

*j*ours rester aux faisceaux dans la cour, puis reconnue par le caporal de garde s'il s'agit d'une ronde d'officier ou de sous-officier, par le chef de poste s'il s'agit d'une ronde-major, du commandant de place ou d'officier général.

SERVICES DIVERS DANS LES POSTES

Art. 21. — Dans tout poste il y a un sergent ou caporal de garde pour aider le chef de poste dans son service, et 3 hommes d'escorte dont un porteur de falot pour aller au devant des rondes ou patrouilles.

Art. 22. — L'escorte est la même, c'est-à-dire composée de 3 hommes en tout, quel que soit le grade de la personne qui va reconnaître.

Art. 23. — Dans les petits postes, le sergent ou caporal de garde et les hommes d'escorte font le service de consigne, c'est-à-dire l'entretien et la propreté du poste. Dans les postes plus nombreux, le service de consigne peut se faire, d'une manière distincte, par les soins d'un caporal et d'autant d'hommes qu'il est nécessaire.

Art. 24. — Les hommes du service de consigne

aident les portiers-consigne pour la manœuvre des ponts-levis.

RONDES, PAR QUI FAITES

ART. 25. — L'adjudant-major fait une ronde à la nuit close, pour vérifier le mot.

ART. 26. — Le chef de bataillon fait une ronde par nuit. Sa surveillance s'étend sur le service de tout le personnel placé sous son commandement. Il s'attache aussi à se rendre compte de ce qui peut se passer en dehors de l'enceinte, et si des événements extérieurs de quelque intérêt arrivent à sa connaissance, il en informe l'état-major soit par une note écrite, soit par un message verbal. Mais dans ce dernier cas, il faut un messager capable de transmettre avec une grande fidélité l'avis dont il est porteur.

Le chef de bataillon ferait plus d'une ronde par nuit, s'il le jugeait nécessaire. Il aurait alors le soin de faire connaître au chef d'état-major, dans son rapport du lendemain matin, le motif et le résultat de cette surveillance supplémentaire.

ART. 27. — Des rondes sont faites par les officiers de l'état-major du secteur suivant que cela leur est prescrit.

Art. 28. — Les officiers des compagnies ne font pas de rondes d'officiers.

SENTINELLES :

NOMBRE DE SENTINELLES A POSER; AVIS DIVERS POUR LES SENTINELLES

Art. 29. — Il faut un certain nombre de sentinelles pour les poudrières, portes, aboutissements de rue ou autres localités spéciales.

Art. 30. — Les sentinelles destinées à surveiller le dehors de l'enceinte, et dont la place est sur la banquette, peuvent être comptées à raison d'une pour environ 25 mètres.

Art. 31. — 50 mètres sont une bonne distance entre les sentinelles chargées de maintenir l'ordre sur la voie militaire.

Art. 32, — On ne doit pas exagérer le nombre des sentinelles, dont une seule peut souvent assurer l'éxécution de plusieurs consignes à la fois.

Art. 33. — Les sentinelles évitent de héler les rondes quand celles-ci sont encore à une trop grande distance ou ne marchent pas dans leur direction. Le ton sur lequel on hêle doit être ferme, mais sans qu'il soit besoin d'éclats de voix extraordinaires.

ART. 34. — Lorsqu'une sentinelle a reçu d'une ronde le mot de ralliement, elle lui communique ce qui a pu survenir de particulier depuis le commencement de sa faction, ou ce que la sentinelle précédente lui aurait donné à transmettre. Si au contraire aucun incident digne de remarque ne s'est passé, la sentinelle dit à la ronde : *Rien de nouveau.*

ART. 35. — Si des rondes spéciales appartenant au service de l'artillerie viennent à se présenter, les factionnaires procèdent avec elles comme avec les rondes prescrites par la place du secteur.

PATROUILLES

ART. 36. — Chaque chef de bataillon ordonne 2 patrouilles par nuit, à telles heures qu'il juge à propos.

Il en ordonnerait plus de deux, si cela lui paraissait utile, mais devrait dans ce cas informer le chef d'état-major, dans son rapport du matin, du motif et du résultat de cette surveillance supplémentaire.

Art. 37. — Une patrouille se compose d'un sergent et de 8 hommes.

Art. 38. — L'itinéraire des patrouilles est borné à la partie de secteur où commande le chef de bataillon par qui elles sont ordonnées, et elles ne sont d'ailleurs chargées que d'assurer le bon ordre sur le chemin de ronde ou voie militaire.

Elles ne montent point sur les remparts et n'entrent point dans les bastions, la police de ces localités appartenant aux compagnies qui s'y trouvent campées.

La patrouille ne s'écarterait du chemin de ronde dans la direction de Paris qu'en cas de trouble dans le voisinage et pas au delà d'une cinquantaine de mètres.

Art. 39. — Il n'entre pas dans le service des patrouilles de visiter les maisons qui bordent la voie militaire. Si, parmi ces maisons, on voit des cafés ou débits de boissons ouverts hors des heures réglementaires, le sergent de patrouille fait faire halte à ses hommes et, les laissant à quelque distance, va seul trouver le maître de l'établissement pour l'inviter à fermer. En cas de refus, le sergent de patrouille s'abstient de recourir à la contrainte et se contente de prévenir le débitant qu'il s'expose à perdre son autorisation de vendre.

Art. 40. — Le chef de patrouille avertit les tapageurs et les hommes pris de vin, et les arrête s'il ne parvient à les calmer ou à les faire rentrer chez eux; il détient aussi les hommes évidemment vagabonds.

Art. 41. — Un chef de patrouille serait très-blâmable de faire aucune arrestation par caprice. Il évite autant que possible d'agir de vive force, commençant toujours par parler à la personne qui doit être arrêtée et par l'inviter à le suivre.

Art. 42. — Aussitôt son retour au poste, le chef de patrouille prévient l'adjudant-major, prend ses ordres au sujet des personnes arrêtées, et porte à sa connaissance les désordres ou contraventions qu'il aurait eu occasion de constater, soit dans les limites, soit même hors des limites assignées à son itinéraire.

8865   RENOU ET MAULDE.

9 782329 172439